Carsten Tabel   I'm not on fire

Ausgewählte Texte 2006–2010

Lubok Verlag   Leipzig   2010

Vorwort

Im Klappentext eines Gedichtbandes habe ich mal gelesen: »W. H. schreibt, um sich einer Realität zu versichern, die als Hölle empfunden wird.« Und da habe ich gedacht »Guter Satz« und das Buch dann wieder auf den Flohmarkttisch gelegt. Die Realität ist weniger ein Ort als eine unförmige, kalte Masse, aus der Pikser, Spitzen und rostige Messer staksen. Ich stimme zu, dass sie das Böse ist, aber ich befinde mich nicht in ihr und ich habe sie nicht verdient.

Diese hochgebildete Dame, die sich in einer großen Tageszeitung so wortgewandt darüber ereiferte, dass die heutige Literatur so negativ sei, niemand es mehr als seine Aufgabe zu betrachten scheint, mit herrlichen Worten die herrliche Welt zu preisen, sie sollte sich ab jetzt lieber darüber aufregen, dass unter ihrem Artikel in einer Werbeanzeige ein Zusammenhang zwischen Handyflatrate und Redefreiheit hergestellt wird.

Dass in meinen Texten trotz erzählerischer Momente keine wirklich literarischen Figuren entstehen, liegt daran, dass ich einen solchen Formgebungsprozess beim Schreiben nicht suche. Gut die Hälfte der hier versammelten Texte wurden aus dem Anlass verfasst, eine Funktion im Kunstkontext zu übernehmen. Sie beziehen sich zu geringem Anteil auf meine eigene bildnerische Arbeit, meist auf Bilder anderer Künstler, die diese Texte bei mir in Auftrag gaben. Hinzu kommt ein ebengroßer Anteil an aus freiem Willen verfassten Texten, die niemals mit etwas Visuellem konfrontiert werden sollten, nichts anderem dienen als sich selbst. Ich gebe diese Information, um Unterschiedlichkeiten in den Texten wenigstens im Ansatz zu erklären.

Die Hölle ist, wenn man von innen brennt und kein einziges Flämmchen es nach draußen schafft. Die Hölle sind die ganzen Menschen, die versuchen lichterloh zu brennen, damit ein jeder sie sehen und riechen soll. Dazwischen gibt es eine ganze Menge Platz für dich und mich in der weitläufigen Normalität. Tonnenweise, alpdruckschwer und doch gewichtlos. Alles geht seinen Gang. Gemütlich, ungemütlich, wie auch immer. Rechts und links des Weges laufen ein paar Lichtgestalten, bleiben unsichtbar, schwirren durch Erzählungen, als Feuervögel, krasse Typen. Solche Menschen existieren kaum noch außerhalb der Erinnerung, verscheucht aus unserem kleinen Dorf, in dem sich alle an alles gewöhnt haben. Die Welt als Ganzes, in der du und ich verschwinden. Die Besonderheiten werden rar, das Gewöhnliche schwappt über. Es wird versucht uns vorzumachen, dass wer weiß was geht. Allzeit bereit, die Erfüllung dieses unhaltbaren Versprechens zu inszenieren. Menschen am Limit, total ausdefiniert. Wem's in Hannover gefällt, gefällt's überall auf der Welt.

Urlaub mit einem Mann   2010

1   In der ersten Stunde Englisch, good
morning, zweite geschwänzt, dritte
geschwänzt, vierte Sport, krank auf der
Bank, ohne Attest, Wodka im Turnbeutel.
Ab und zu hinkend in die Umkleide, zwei,
drei Schlückchen, zurück in die Halle,
zu hinken vergessen. Nach dem Unterricht
duscht lieber keiner als alle miteinander.

Nur noch einmal im Leben zur Dorfjugend gehören, auch wenn es eine inzwischen alt gewordene, eigentlich schon
vergangene Jugend ist, die sich trotzdem
auf ewig fortzusetzen scheint. Einfach so
lange dabei sein und mitreden, bis alle
vergessen haben, dass es früher mal nicht
so war, so lange, bis alles Fremdsein
von einem abgeblättert. Zartes Pflänzlein
freiwillig dem ewigen Herbstlicht über-
antwortet. Eingetauscht für ein Dasein
als winterharte, sprücheklopfende Staude;
ob du so bleibst oder nicht, entscheidet die
Härte des Winters, nicht du.

Ich starre in deine Ohren in der Hoff-
nung, etwas, das ich vorhin aus Versehen

gesagt habe, zu erspähen, es zu packen und herauszuzerren, auf dass es dein Gehirn niemals nie erreiche. Es gibt diese Angst vor der Erfüllung der eigenen Vorstellung, vor der eigenen magischen Kraft, die einen in aktionsloser Demut erstarren lässt. Was du erzählst, wovon du sprichst, interessiert nicht.

Ich will in der Schweißnaht versinken, die dich und die anderen zusammenhält, an Grillabenden, in Diskotheken, an Krankenbetten. Wir saßen am Glastisch zu viert, betrunken in den Armen. Ihr dann zu dritt in einem Bett.

Neu in der Stadt gibt es Jungs und Mädchen, die sich für einen interessieren, solche, für die man sich nicht interessiert. Auf der Jagd nach erfüllender Beidseitigkeit quält man sich durch verfärbte Erzählungen, stottert sich mit unabsichtlichen Falschaussagen in die Herzen anderer. Ein auf ewig unbemerkter Anbiederungsskandal. Die Zungen locker halten. Lieber ein Gläschen zu viel. Aus dem, was man zu sagen befähigt, spinnt sich eine hanebüchene Legende. Ein Kokon zirkuliert zwischen den Jugendbanden der

Stadt, befruchtet und umsponnen von Gerüchten, bis man unter seinem Kleidchen ganz unsichtbar wird.

Mitunter fiel dir kurz ein, dass wir anderen ja auch irgendwas fühlen müssten. Statt aber mitzufühlen, machtest du durch den Empathiefilter harmlos gewordene emotionale Erfahrungen nach, von der dir Bekannte von Freunden berichtet hatten, machtest Herzmuskelübungen für den Ernstfall. Als Kind, als ganz kleines, um die behinderten Menschen, die Obdachlosen, erschlagen von der Macht des Schicksals, unschuldig diskriminierende Tränchen geweint.

Mit dem letzten Bus vom Depot in die Stadt, am Bahnhof angekommen erst mal ein Bier, bisschen warten, hoffen, dass jemand vorbeikommt, vielleicht einer, der einen mitnimmt, sich dazusetzt. Nach einer Stunde und sechs angerauchten Zigaretten in die Kneipe.

Ich kenne alle nur vom Sehen und kann mich zu niemandem setzen, letzte Ecke Zweiertisch, jede Bewegung muss sitzen. Flippern, ein Bier, nichts wie nach Hause. Man selbst ein ewiger Schrei.

Blutegeljahre. Man klebt an den Lippen
anderer, saugt sich voll mit dem Weltwis-
sen der Spätpubertät, lässt sich genüss-
lich vergiften, lernt zu rauchen und zu
trinken, deprimiert aggressiv in der Ecke
zu stehen.

Die Futterstelle hinterm Haus, ein Stink-
kübel. In der Küche werden noch bäuer-
liche Sitten gepflegt, essen die Weibsleute
nach den Mannsbildern, essen die Knechte
doppelt soviel wie der Bauer. Das Haus
ist ungemütlich geworden wegen der
modernen Schulkinder, den traditions-
losen Gymnasiasten, denen Oberstudien-
räte den angeborenen Dialekt aus der
Erbmasse gewaschen haben. Tadellose
Beamte, niemals enthusiastische Germa-
nisten gewesen, reine Sprachverwalter.
    Wieso gehört das eigene Kind nicht
zur knatternden Dorfjugend an der
Bushaltestelle? Mofa frisieren, Hütchen
trinken, Computer, Freibad, Videothek.
Das alles macht doch Spaß.
    Urlaub mit einem Mann, in Frank-
reich meinetwegen. In vino veritas. Ich
konnte am Ende nicht mal mehr seinen

Atem ertragen. Die Staublunge von der Kohle, von der Taubenzucht.

Aus der Kleinbürgergroßstadt keine Scherben, keine Kippen, Hundescheiße gewohnt. In anderen Vierteln, bei den Türken, Italienern vielleicht, da wo du wohnst vielleicht. Es kam der Tag, an dem ich mich beim Runterwürgen verschluckte und abhusten musste.

Er schaltete den Fernseher ein und ab. Durch die Ritzen seiner Rüstung tropfte rotes Blut. Es dringt aus ihm, um sich das Leben anzusehen, das es in Gang hält. Es quetscht sich durch Adern und Poren, sucht sich mit aller Kraft den Weg nach draußen. Manchmal mischt sich ein brutaler Schleuser in Form einer Kugel oder eines Messers ein und der rote Saft kann nicht anders, muss hinaus und muss sich umsehen, Zwangsumsiedlung mit Todesfolge.

Worin spiegelt sich die Welt, in deinem rostigen Harnisch oder in der roten Pfütze, die dich so anglotzt?

2   Auf dem Teller alles nur halb so gar, wie es gekocht wurde. Das Fleisch noch

prall und frisch, felsenfest am Knochen.
Kein butterweich zerfaserter Brei. Die
Bäckchen verschiedener Jungtiere feiern
ein posthumes Rencontre. Schwein, Rind,
Hirsch, jeder ist willkommen.

Die bestellten Platten kommen seit
gefühlten Jahren nicht. Der neue Katalog,
das Fanzine aus USA, das alles lässt
eine mit nichts zu füllende Zeit auf sich
warten. Im Eisschrank ein domestizierter
Gletscher, die symbolische Züchtung des
ewigen Eises im elterlichen Eigenheim.
Ich propagierte das Leben im abseitigen
Schatten.

Im Urlaub mit einem Mann, der
keinen Schatten warf. Als wir nach vier
Wochen keinen einzigen Schritt mehr
aufeinander zugehen konnten, versank
er in selbstzufriedener Gelassenheit. Ich
wetze die verbalen Messer. Den letzten
Schliff sollten sie auf der Zunge erhalten,
unmittelbar vor dem tödlichen Stoß.
Ich wartete auf den Moment, in dem
er mir förmlich anbot, ihm detailliert zu
schildern, warum in meinen Augen er
allein der Teufel ist.

16

In der Hecke ums Haus nisteten Vögel und Spinnen. Die Kanaken im Freibad. Wie macht es, wenn du einem Türken das Genick brichst?

In deinem Qualleneimer spuken die Erinnerungen, zähes Schwarzes hängt zwischen den Tieren. Es könnte passieren, dass du verpasst zu begreifen, dass deine Kindheitsfantasie langsam mit dir zur Erwachsenenfantasie gereift, weil du geglaubt, dieses Organ verloren oder besiegt zu haben, ihm entwachsen zu sein. Die Verspeisung der Sitten, ein kulinarischer Vorgang. Die Lust an der sättigenden Tilgung einer lagernden Kultur der Zusammenrottung und losen Klüngelei. Kilometer voneinander entfernt stehen unsere Zelte Seit an Seit.

Die Interessen verschieben sich und in diesem Fall haben deine neuen Freunde mich weggeschoben. Bemüht um reibungslose Abläufe auf allen Ebenen. Die Ecken und Kanten des Daseins abschleifen, ein Keil im Wind werden, ein Profileben.

Aus dem Kreis ins Feld gedrängt, in dem sich die Idioten tummeln. Die Brillenträger, die Hässlichen, die Fetten, die Loner. Und solche wie mich, die im Umgang mit Gleichaltrigen nicht auf den Faktor kindliches Spiel verzichten können. Die Schlimmsten von allen: die krankhaft Kindischen.

Ein gesiebter Mensch inmitten der Schandmäuler, der Muffelköppe. Blitzblank, die Sonne im Herzen, schlendert er vom Bus zum Abendbrot nach Hause. Vorbei an den 20-jährigen Autobesitzern mit 13-jährigen Freundinnen, über den sonst leeren, überdimensionierten Schotterparkplatz des Tengelmann. Jackie-Cola von der Tankstelle. Im Sommer fliegen Wespen in die Dosen.

Ausflug ins Dreiländereck   2008

Wohin mit all den Dingen, die uns beglei-
ten und gehören? Wohin mit diesem
lästigen, geliebten, lebenslangen Besitz?
Das Verhältnis zum eigenen »Hab und
Gut« muss in ständiger Bewegung
bleiben. Es darf und kann keine Ruhe
einkehren. Nicht mehr in den eigenen vier
Wänden. Mal Klotz am Bein, mal ein sich
sanft schmiegendes Kätzchen. All dieser
Kram und die Erinnerungen. Fotos,
Briefe, Bücher, Fußabdrücke; Statisten
des eigenen Lebens. Bezahlte, unbezahlte,
solche, die ungefragt und schön durchs
Bild laufen. Solche, die sich nicht an-
schicken, es trotz massiver Aufforderung
zu verlassen. Die Stricke, die am Boden
halten. Da, wo man hingehört. Konkrete
Schranken der Vernunft, ein schlummern-
des Abstraktes in und zwischen all
den scharfen Kanten. Umdeutungen und
Kehrtwendungen der nicht zu ertragen-
den Wirklichkeit.

Etwas wird da schon zu helfen wissen. Wir heulen nur, damit jemand sagt:

Hör auf! Studiere, was die anderen dir über dich und dein zukünftiges Handeln beibringen können. Es ist alles gut verteilt und gut geregelt. Unmissverständlich und unbedingt verstehbar; dennoch sind die Gebrauchsanweisungen in ständiger Überarbeitung wegen allzu häufiger Beschwerden. Das ewige Projekt der Menschen ist ihre allumfassende Bedienungsanleitung. Dem gegenüber steht eine Vielzahl kleiner Grüppchen von größter Unterschiedlichkeit mit großem Hang zur Dysfunktionalität: Die Selbstverständlichkeit des autonomen Willens als einzigen Betreiber der Wirklichkeit wollen sie nicht verstehen oder können sie nicht akzeptieren, weil es sich schlicht um eine unbekannte Größe handelt, etwas, das ihnen unerfahrbar bleibt.

Man kann alles übermalen, vollschmieren und zerhacken, und man ändert nichts. Es sind angedeutete Handlungen, die symbolisch mächtiger sein sollen als die tatsächliche Veränderung der Realität. Objektwerdung der gedanklichen Radikalität ist aber vor allem ein Akt der Entschärfung. Ein angedeuteter Zusammenbruch. Restfetzen einer totkopierten Ambition, stumpfe und schillernde Muster einer nicht übermalbaren Realität.

Pflanzen im Zimmer, ständige Besucher. Als Zöglinge mit dem Schiff, inzwischen Pflegefälle. Alles steht noch da, wo es stehen sollte. Das Gleiche, in Ordnung. Nach Rückkehr und Gewöhnung beginnt die Überwucherung im satt gesehenen Auge. Die Abschaffung der qualitativen Unterschiede, Verlust von Bedeutung.

Eine bedrohliche Masse aus überschaubaren Details, eines harmloser als das andere. Zusammengenommen eine laut schwatzende Fraktion von Möbelstücken und Klimbim, die man im Urlaub glaubte zu vermissen. In Wahrheit professionelle Ablageflächen für Alltagsstaub, Stellvertreter zu Hause, erledigen sie die Ruhe für ihre umtriebigen Besitzer. Abgenutztes Wissen, ästhetische Artefakte aus abgenutzten Zeiten stapeln sich in den Regalen. Kindliche Fantasie verkümmert zu einer dumpfen Erinnerung. All die angehäuften, eingeklebten, zugeklappten Bilder, auf denen man sich nicht erkennt. Müssen andere Leben gewesen sein, solche, die ich bestimmt aus gutem Grund vergessen habe.

Die begleitende Erzählung knüpft die Bande zu den Dingen und zu dem Fremden in den Alben. Ohne sie verharren sie unerkannt in ihrer Sphäre mit einem Fuß im Reich der Toten. Weil der Mensch Dinge beseelen kann, glaubt er auch an seine Seele. Die aufscheinenden Zusammenhänge, an denen man sich entlanghangelt, heißen offiziell Fakten. Das erzeugt ein besseres Gefühl, weil man so das Projekt Aufklärung nicht vernachlässigt.

Im Dreieck zwischen Präsens, Imperfekt und Konjunktiv. Schlecht, sich dort zurechtzufinden. Unliebsame Gegend; Menschen verlieren dort angeblich den Verstand.

Das ist eine zweckgebundene Lüge. Eine Realität, die sich weigert, dass man von ihr Besitz ergreift, erschafft seelenlose Wesen. Der Blick zurück wird zur Angewohnheit, zu einem zwanghaften Schielen. Trotzdem geht es weiter vorwärts, mit stark verrenkten Gliedern. Umrisse verschwimmen, die Augen

tränen, weil der Wind von hinten kommt.
Aus mal lauwarmer, mal kühler Gruft
weht er uns nach.

Hobby   2010

Wenn ich im Dschungel wär'
hätt' ich eine Machete
— Angeschissen

Nie mehr im Leben; so eine Kategorie gab
es doch früher überhaupt nicht. Nichts
verpasst, heißt es heute, um die Lücken,
die die Retrospektive aufweist, zu füllen.
Ein endlos langer Zettel, an beiden Enden
unleserlich verschmiert. Sachen, die noch
zu erledigen sind, die man noch in die
Welt hinausschreien wollte. Meistens aber
lieber das Maul oder die Fresse gehalten,
sich morgens noch mal umgedreht statt in
den Kampf zu ziehen.
　　Ihr wurde ein staatlich unterstütztes,
sorgloses Leben garantiert. Ihr wurde
versprochen sich voll und ganz auf sub-
kulturelle, interessenlose Umtriebe kon-
zentrieren zu können. Wegen schlecht
getimeter Reformen jetzt eben eines jener
Würstchen, von denen ihre Eltern sagen,
sie hätten ihr Hobby zum Beruf gemacht.
Was wissen die schon. Ich wollte doch

eigentlich verweigern, aber meine Verweigerung hat mein Hund gefressen.

Es wird jeder rekrutiert. Alle müssen
mitmachen. Aus Protest alles Subversive
abgelegt. Eine Hülle aus Vollei, gehaltvoll
und schwammig.

Unspezifische Aussagen für eine hoch-
spezialisierte Zeit. Studiert, engagiert,
ausgewiesener Fachmann, einschlägig
bekannt und zufrieden damit, was man
alles auf seinem Gebiet schon erreicht hat,
fasziniert davon, was es noch alles zu er-
reichen gibt. Mein Gebiet, ich gebiete, ein
erbärmlicher Machtbegriff. Hätte ich
mein Hobby zum Beruf gemacht, würde
ich jetzt am Tresen hängen.

Der Hund soll still sein   2008

I am an example
I'm no hero
of the great, intelligent,
magnificent human race
— Crass

Auf dem Feld die Arbeit verrichten und
sich dann am Evangelium erbauen. Das
Grundrecht auf Arbeit, das Recht auf
Beschäftigung. Vorauseilender Gehor-
sam, aus Angst davor, was man von sich
selbst nicht erwarten kann.

Wer seine Arbeit liebt, tut das aufgrund des damit verbundenen Renom-
mées oder des Zustands der Kontempla-
tion, den sie hervorruft. Wer seine Arbeit
gut macht, ringt sie sich Geist und
Körper ab.

Ich habe einen Bericht im Fernsehen
gesehen über Menschen, die sich nichts
sehnlicher wünschen als körperlich behin-
dert zu sein. Als Grund dafür wird
das Verlangen benannt, unter erschwer-
ten Bedingungen bestehen zu können.

Wieso die mühsam vorgenommenen Entwertungen rückgängig machen? Vielleicht weil der Katalog gesellschaftlich erarbeiteter Lebensziele doch mehr mit einem zu tun haben muss, als man wahrhaben möchte. Mit den Jahren ändert sich die Normalität, an der man sich zu orientieren hat. Wer aber immer nur die Erfüllung betont und nie den Zwang, lässt etwas Wesentliches weg. Eine Absprache, verabredete Ignoranz. Frei laufende Hühner, freier Mitarbeiter, freier Künstler. Diese Begriffe bezeichnen nichts, sie erfinden etwas. Fallen in den Bereich des Mythos' einer Freiheit, die keine ökonomische und innere Stabilität voraussetzt. Ohne Fleiß, kein Preis. Die alternativen Programme heißen: Arbeit und Glauben, totale Verweigerung, Resignation oder aber von allem ein bisschen. Bloß nicht greifbar werden und bloß nicht vor die Hunde gehen, still sein.

Australiana   2010

An der Feinkosttheke lasse ich mir schon mal gedanklich alles auf der Zunge zergehen: Ochsenmaulsalat, Kieler Sprotten, Stinkmorcheln. Ich bestelle Kleinstmengen, frage nach Fischabfällen für die Katzen, Brot vom Vortag, ein Töpfchen Sahne aus der Kühlung, gehe zur Kasse.

Ein Stinkbrei, ein Frikassee für dich zum Abendbrot. Stundenlang den Herd mit Zeitungen befeuert, altpapiertonnenweise, damit es dann kalt wird. Weil du am Spielautomaten hängen geblieben, dich an den Tresen gesetzt hast, anschreiben lassen musstest. Zieht es halt eine Nacht durch, morgen zum Mittag, sowieso besser.

Das mitgebrachte Geld wird langsam knapp und ich denke ernsthaft über Pferdewetten nach. Scheitere vorneweg im Kopf an der möglichen Komplexität der Wettscheine. Meine Fahne weht durch den Bus, unter die Röcke der Schulmädchen. Sie bestellte Kaffee für alle und sich das Continental. Er nahm Eggs Benedict,

ich drei Eier auf drei Toast. Vielen Dank
für das Frühstück, bis irgendwann mal,
ihr Pfeifen. Als wir uns verabschiedeten,
ich den Kontinent verließ, wusste ich,
dass wir einander lebend nicht mehr
sehen würden. Sie würde ihn eines Tages
finden, nicht wissen, wie sie die Beerdi-
gung bezahlen soll, und endgültig den
Verstand verlieren. Er trug eine Leder-
jacke Modell The Clash, fand das aber
eigentlich unpassend, weil er deren Musik
als stoffig empfand.

Die Stümpfe des Lebens, kurze ver-
regnete Tage. Man muss was tun, muss
eine wetterunabhängige Konstanz-
industrie der Fröhlichkeit schaffen. Alles
mit Sonnenschein belegen. Schlamm-
pfützen zu Tauperlen. Schlafmützen zu
Pfundskerlen. Sommer, in denen die
Sonne so richtig crazy brennt und lodert,
richtig weh tut auf den Zähnen.

Deine Stimme sackt zusammen.
Bänder überdehnt. Aufgedunsen von
Käsetoast in Bierteig. Erst ein winziges
Bäuchlein, das sich schließlich auf den
ganzen Körper ausdehnt, eine grunzende
Made aus dir werden lässt. Rotbraune

Haut und ein fleckiges Herz.

Ein Plastikkanister Orangensaft
und eine Flasche Coke Zero. Leben außerhalb der Gesellschaft. Er hatte eine Hütte
im Busch, sich ein bisschen Wildnis
gezähmt, beaufsichtigte Marihuana-
plantagen, fuhr mit dem Crossrad von
einer zur anderen. Man besuchte sich,
trank und kiffte, als gäbe es kein Morgen
in Australiana. Ich bin immer satt,
bevor ich genügend Nährstoffe zu mir
genommen habe. Ein Brausetabletten-
cocktail und ein Glas Milch zur Nacht.

Ein Kanister Orangensaft und eine
leere Flasche Famous Grouse. Der
Fernseher quillt über, auf dem Sofa lüm-
meln altbekannte Aufewigfreunde. Unge-
waschene Haare fetten stetig die Schultern seines guten Hemdes, verleihen
ihm dort einen ledrigen Glanz. Eigentlich
für besondere Anlässe angeschafft, die
jedoch in einer Art unbeachtetem Akt
kultureller Abgrenzung abgeschafft und
durch allerlei Klimbim ersetzt wurden.
Ein ganz gewöhnliches Scheißhemd.
Ich habe bei dir die Sprache des Ertrin-
kens gesucht und gefunden.

Auf dem Löffel, auf dem Sekretär, liegt immer ein Schuss zum Abfeuern bereit, daneben ein stets gestopftes Pfeifchen, um dich davon fernzuhalten. Sie versucht, nicht lange außer Haus zu sein, jemand muss ein Auge auf ihn werfen. Ertrinken und es gar nicht mitbekommen. Was, wenn auch du eines Tages merken solltest, dass du ein Leben lang abgelenkt warst, an allem vorbeigeschielt, es einfach ignoriert hast? Was, wenn der Ablenkungsapparat sich über alles zu stülpen scheint, die ganze Welt eine Defokussierungsmaschine? Wohin dann mit dir, wohin guckst du dann?

Neonstadt 2009

Strahlendes Grün im einen, allzu schlammiges Licht im anderen, wandern seine Augen entlang der Kerkermauer. Es pocht die Zeit durch Herz und Magentrakt. Regen beklatscht beifällig das Pflaster. Vereinzelt hört man draußen einen rennen.

Der sucht sich seinen Weg ins Trockene. Es dampft aus seinem Rachen, riecht nach Leben, Öl, Spänen, nach verbranntem Kabel. Draußen stürmt die Welt. Grell und laut geht alles seinen Gang.

Sie hatten ihn abgeführt, von der Arbeit abgeholt, im Labor ruhig auf ihn eingeredet und dann mitgenommen. Vorübergehend also im Tunnel gefangen, nichts ist für immer; wenn auch fahl und irgendwie verstaubt, scheint selbst hier noch Licht. Wir kauern in unseren Zellen, kränklich gelbe Trabanten, schreibt er. Draußen stürmt das Leben, in unseren Köpfen die Ideen.

Er beobachtet die nächtlichen Besucher, Käfer am Rande des Todes, Insektensterben im schwachen Schein der Leuchtstoffröhre. Überall, wo Licht brennt in der Nacht, wird irgendwas gesaugt, schwirrt irgendwas herum, flattern Falter munter ins Stübchen. Nicht hier. Er schickt einen Brief in Gedanken, schickt jedes einzelne Wort, schon während er es schreibt, auf die Reise. In seinem Kopf surren die Neonreklamen der Universitäten, zucken die tödlich gekränkten Leiber des befreiten Geistes.

Aus Büchern und vom Bildschirm glotzen die Gesichter ernannter und selbsternannter Genies. Die verstorbenen Erfinder dahinsiechender Ideen. Körperlose Gehirnträger, trotz ausführlicher, gut recherchierter und fleischig ausgemalter Biografien. Von Geburt, Ausbildung, Hauptwerk und Tod. Das Siegel der ewigen Aktualität, der Ritterschlag der Menschheit geht aus Versehen manchmal mitten durch die Augen. Und da tropft dann Blut raus. Und es wird Nacht.

Als ihn die Zeit überholte, war er schon lange tot, beerdigt und katalogisiert. Unten in der Kiste hörten die Haare und die Nägel auf zu wachsen und gruben sich ein letztes Mal ins schwarze Holz. Sein Bild in der Ahnengalerie verlor an Leuchtkraft, sein Antlitz wurde grau und hölzern und in den Annalen der Universität begann sein Vorname zu bröckeln.

Gerne hätte er alles noch einmal unter die Lupe, das Mikroskop, sein wunderschönes Hirn zerlegt, um den Defekt posthum zu beseitigen, die madigen Gedanken zu vernichten, aus den Hirnfalten zu kratzen; auf dass alles wieder stimme. Sein Porträt sollte wieder leuchten, sein Name Universitäten oder wenigstens Hörsaalgebäude schmücken.

Doch ging es zu Lebzeiten überhaupt um Ruhm und Glanz und Glorie? Ging es denn nicht eigentlich um etwas ganz anderes, viel weniger Profanes? Die Welt aus dem zusammenhanglosen Brei, der sie durchströmt, zu befreien, den Menschen aus der Gefühlssuppe zu fischen, ihm neue Werkzeuge zu geben und ihn zu neuem Denken aufzufordern.

Jedes einzelne Wort, das er schrieb, hatte er vorher schon gedacht und

abgesandt. Es lag alles schon bereit.
Stift, Papier und Siegel. Der Fernseher
schrie durch die Nacht und Ratten,
Möwen, Katzen — alles, was einen Ton
von sich geben kann — brüllten ihm entgegen. Autos fuhren durch die Schlaflosig-
keit und ein seltsames Instrument strömte
durch die Wand. Ein in Filz gehüllter
Frühling lag schreiend zu seinen Füßen.
Die Säfte flossen blau und rot und dick
und dünn. Du bist durchtrieben. Ein
Kraftwerk, eine Rakete am Rande der
Endlichkeit.

In den Wolken steht ein Satz geschrieben
und den schenkst du mir. Es ist die
Geschichte vom Regenbogen, der sich
selbst erhängte, und du erklärst mir, wie
wunderschön das aussah. Nicht alles
Grausame sei grausam, sagst du, und
nicht alles Schlimme schlimm. Dass
es immer etwas gibt, was man sich nur
ausdenkt. Du sprichst von der Erdenk-
lichkeit der Welt, aber deine Geistesblitze
bleiben in der Watte stecken, die mich
umgibt. Du sprichst mit einem Kinderhirn
in Sirup, zum Verzehr geeignet.

Er malte mir ein Bild einer Welt,
die ich so nicht kenne, die mir deswegen
bedrohlich erschien. Ein plapperndes
Bunt überall, eine Gottheit, die in Tönen
erscheint. Durch alles fließt Strom, wie
durch die Menschen, die von den Wänden
langsam zur Mitte rücken. Umzingelt
von schwarzen Laternen und hölzernen
Wächtern, die in ihrer sorgsamen Ein-
fachheit trösten und getröstet werden
wollen. Er leckte Batterien und orgelte
auf Lichtern, seine Stimme erzählte und
erzählte und mich packte das starke
Verlangen, ihn mit ein paar grauen
Geschichten zu unterbrechen. Sein Mund
blieb offen und ich spähte hinein. Ich
ahnte es zwischen seinen Zähnen flim-
mern. Blitze in der Wüste und die Wüste
in seinem Gesicht. Ein fest installiertes
Irrlicht in allem, was lebt.

Tennis   2009

Es regnet durchs Dach, tropft auf die Fliesen. Eimer und Schüsseln herbeiholen, alles auffangen, das Wasser für die nächsten Wochen. Lauscht den Trommeln und zieht euch aus. Feuer im Garten, zwischen Unkraut und fauligem Kompost. Ein Hexentanz ohne Magie, bloße Nackedeierei, trotzdem der Wahnsinn in manchen Augen. Es trommelt und trompetet, lockt die Kinder aus den Hütten. Sie schleichen herbei, rufen nach Wasser, süßer Milch und Spielzeug, nimmersattes Rattenpack.

Im Staub erstickter Schweiß, durch die Nacht tönt ein Alarm. Der Gestank ausgefranster Wildparkhirsche steigt von seinem Körper. Ein Zikadenbaum eifert dem Alarm entgegen. Von Monstern bewohntes Gestrüpp. Neben einer Kastanie, unter der er sich niedergelassen, ein mottenzerfressener Albtraum.

Womit hatte die ganze Übellaunigkeit doch gleich angefangen? Mit der Faust seiner ersten Freundin, die ihm mit

15 die Nase brach, oder mit dem folgenden Beschluss, dass sein Herz niemals wieder brechen sollte? Zehn Telefongespräche später bricht der Morgen an. Mach den Tag mit, überlass dich der Nacht, überlass es der Nacht.

Funktionsweisen der Lebenden, die Trägheit der Toten und die Abschaffung der Minderwertigkeit. Begib dich und verweile in mittelloser Mittelmäßigkeit. Freund und Affe, ausgedachter Baumhausgefährte, Klettermäxchen. Vermisse dich am Tisch, es steht ein Stuhl für dich bereit, ein Teller und ein Löffel. Wir öffnen die Flaschen und trinken dem Morgen entgegen. Wir laben uns an streng vegetarischen Speisen und funkeln uns an.

Die Fischindustrie in den Vororten verströmte ihren Duft nach abgestandenem Meer, Maschinenöl und Raucharomen. Die Luft war ölig, die Leiber glänzten in Sonne wie Schatten, bildeten auf den Straßen einen schimmernden Schwarm.

Die blonde Chinesin mit den Spinnenarmen feuert den lediglich 106 km/h schnellen ersten Aufschlag mit traum-

wandlerischer Sicherheit ins Aus. Zwei
Breaks weiter ist sie geschlagen. Schach-
matt und ausgeliefert steht sie in ihrer
eigenen Pfütze, keucht und steckt sich
eine Banane in den Mund. Feuchte
Wangen, die Augen tränen vom Schweiß.
Es summen die Kühltheken auf Spar-
flamme. Ein Ventilator, ein kaltes Glas
Wasser, ein heißes mit Tee. Nichts los im
Döner 2000 auf der Hauptstraße des
Städtchens. XXL mit Milleniumsauce,
gerade erst eröffnet, neun Jahre zu spät.
Alles von Anfang an abgelaufen. Über
den Fernseher flimmert das Bild der
geschlagenen Chinesin. Der Türke nimmt
Kreide und schreibt ihren Namen ab,
widmet ihr die als Tagesangebot offe-
rierte Asiapfanne mit Dönerfleisch.

Zurück zum Beton   2006

Er rief mich an, zu unnötig später Stunde,
stellte mir in einem Tonfall, der irrtümlich
darauf schließen ließ, es handele sich
um Leben oder gar Tod, eine ungebührlich
banale Frage. Ich habe meine Verärge-
rung heruntergeschluckt, mit schläfriger
Stimme leise ein paar Worte gemurmelt
und es geschafft, ihn trotzdem damit zu
durchschlingen.

Wir sind uns einmal begegnet in
grün fahlem Licht. Ihre Hände waren ein
zitterndes Stück und sie sprach Sätze in
ihre Höhle, die so alt sind, dass sie schon
im Mund zu Staub zerfallen sollten. Als
Kind schon früh Türme gebaut, höher als
sie selbst. Spielte schon frühreif ein Spiel
überlegener Stabilität, und manch anderer schafft es sein Leben lang nicht,
einen Turm sich überhaupt vorzustellen.

Angeblich gibt es Verbrecher von
Geburt, solche die keine Quereinsteiger
sind. Nicht auf schiefer Bahn, sondern
immer geradeaus. Es ist schwerer für sie,
am Leben zu bleiben, doch den anderen

sind sie eine erschreckend lebendige Konfrontation mit der Möglichkeit der eigenen Wertlosigkeit. Räumt man ihnen die Möglichkeit ein, sich zu positionieren, eine Haltung kundzutun, so kann die Aufrichtigkeit, mit der dies nur geschehen kann, bis ins Mark fahren, weil in ihr so viel Gleichgültigkeit und Essenz an Ekel und Gemeinheit zum Ausdruck kommt, wie sie doch eigentlich nicht zum Ausdruck kommen darf in einer Welt, einer Gesellschaft, die nicht aufgeben will, sich als etwas durch und durch Positives zu begreifen, obgleich sie sich das selber kontinuierlich widerlegt.

Es war nur das Ende einer Busfahrt, die Endstation verpasst und im Nirgendwo aufgewacht. Gefesselt und geknebelt; dem Opfer stellt sich nicht die Frage »Warum gerade ich?«, sondern nur die resignierte danach, wer auch sonst. Der Verbrecher erklärt dem anderen, wer hier überhaupt der Verbrecher ist. Als folgenschweres Resultat dieses Gesprächs wurde ein generelles Verbot für Verstecke ausgesprochen. Seither die Menschen wie Hunde an Leitplanken.

Mit tollpatschigen Pfotengesten und in unverständlichem Gebell beschreiben sie einander die Gefahren, denen ein Selbst-ohne-Leine immer ausgesetzt ist. Doch die viel größere Gefahr, die einer sogenannten kläglich korrupten Existenz, die verschweigen sie.

Ein heißer Sommer, ein solcher, in dem die Spinnen prächtig gedeihen, wie tropische Besucher, die man sich selber nur aus-denken kann, wie sie aus dem Urlaub in einem Koffer mitgereist und jetzt die Welt aus den Fugen bringen. Was bleibt einem anderes übrig, als sie im Vorbeigehen mit der Schuhsohle zu zerschmettern. Ein Hin und Her zwischen der Konstruktion eines Bildes und einer manchmal beschä-mend infantilen, erschütternd unüber-legten Handlung. Manches wird dafür gemacht, es sterben zu lassen. Glück für alle Beteiligten, wenn zwischen beidem kein Leben lag.

Die Dingwerdung des Vergangenen, des Ungelösten, des Übriggebliebenen ist der Versuch einer wie auch immer gear-teten Gutmachung, einer Versöhnung mit

dem Geschehen durch seine Verwandlung
in harmloses Nicht-Geschehen. Eine
uralte menschliche Praxis, die sich vieler-
orts nicht einmal mehr anschickt ihre
Banalität zu verbergen, geschweige denn
sich als Praxis zu verneinen.

Je länger etwas zurückliegt, was einst
alle erschütterte, desto mehr wird dieses
Ereignis oder die Summe von Ereignissen
zu einem Gegenstand, zu etwas, was
jeder ganz alleine besitzen oder vergessen
darf. Ein seltsames Ding vor dem inneren
Auge, und in diesem Ding und seiner
Betrachtung spiegelt sich die Welt. Alles,
was keinen Ort im Leben finden darf, wird
ausgelagert ins Reich der toten Gegen-
stände, der menschlichen Spiegelbilder
einer gut funktionierenden und kohären-
ten Welt. Und was selbst dort keinen
Platz findet, wird im Hinterstübchen
aufgestapelt, nicht etwa nebeneinander
aufgereiht. Wie misslungene Versuche,
von zuviel Unbeherrschtheit geleitete
Tischlerarbeiten, die keine Blumen oder
Tischlein werden wollten, die Form nicht
fanden, ihr entglitten. Etwas, dessen
der fehlerlose Meister sich schämt, so sehr

schämt, dass er sich nicht traut es weg-
zuwerfen.

In Giessen an der Lahn gibt es eine Bus-
station, die Hochhäuser heißt. Dort, wo
die Hochhäuser stehen. Auch hier wurde
einst jemand gefangen, nur dieser jemand
ist dort geblieben. In Giessen an der Lahn
wurde jedes Gebäude, das ein weg-
gebombtes ersetzte, zu einer Strafe, einer
visuellen Strafe — ein Mahnmal. Das
geschah ohne Absicht und in voller Absicht. Eine ehrliche Stadt, die bekommen
hat, was sie verdient.

Über die Straße, über eine schwe-
bende Fläche, mit hellem Stoffhöschen
das gummierte Geländer der absteigen-
den Rolltreppe hinuntergerutscht und
ein schwarzes Stückchen davon am Arsch
mitgenommen. Für einige Tage trägt
man sie spazieren, die sichtbaren Spuren,
die Abdrücke der Außenwelt.

Übers Eis geht es aus dieser Stadt in
eine angemietete Wohnung. An einen Ort,
an dem scheinbar nichts passiert außer
dem kontinuierlichen Nagen der Zeit. Man
altert nur daheim. Eine Wohnung ist

immer auch ein Grab, schreibt Peter
Kurzeck. Nichts dringt von innen nach
außen, es sei denn, man schändet dieses
Grab. Denn den Mief, der sich mit den
Jahren in und auf allen Dingen angesam-
melt hat, den man von draußen hierhin
getragen hat, kann man nicht einfach so
entfernen. Etwas davon will sich zeigen.
Etwas, das man lange schon gesehen und
schon lange nicht mehr erträgt. Zu lange
daran herumgeknabbert und sich eine
giftige Haltung angefressen. Die weni-
gen Achsen, nach denen sich die Denk-
bewegungen ausrichten, wanken im
Wind und Seekrankheit und Übelkeit und
Brechreiz sind durchaus Zustände, an
die man sich zu gewöhnen und die man zu
mögen hat, denn was bleibt anderes übrig
als sich einzurichten, wenn keine Alternative und kein Ziel, kein Wunsch nach
Veränderung. Mit Augen auf Halbmast,
im Trott, nur noch Reflex, Segel setzen
und irgendwohin steuern, notfalls eben
immer geradeaus. Nach der aktiven
Seefahrerzeit vielleicht ein Hausboot auf
dem Kanal, etwas mitnehmen in den
Ruhestand. Den schwankenden Grund

und unerfüllbare, dumme Sehnsucht nach Instabilität.

Immer noch Kohlen im Keller, und in den anliegenden Wohnungen heulen die Hunde den Mond an. Er wollte in einem Haus wohnen, in einer Stadt, nicht so was. Eine Badewanne am Fenster. Umspült von Haaren, Schweiß, Sperma, Urin. Da liegt ein Mensch, zufrieden umschwemmt von der eingeredeten Reinheit seines eigenen Drecks. Der große Irrtum, dass die Form die Substanz begründet, findet ihren Ursprung in einer sozialen Praxis der Täuschung im gegenseitigen Einverständnis — eine Vereinfachung, damit das gewollte und geliebte Nebeneinanderher überhaupt funktionieren kann. Doch die Form muss Fehler haben, weil die Substanz unleugbar von Fehlern durchsetzt ist. Der Schleier der Sichtbarkeit liegt glattgezogen über dem schleimig-samtig Unsichtbaren, das sich jeder als vernünftig zu bezeichnenden Verbalisierung entzieht und nur als gestammeltes Fragment noch einen Anspruch auf Gültigkeit erheben darf. Und so sucht es verzweifelt seinen visuellen Ausdruck, wird so wiederum zu etwas Sichtbarem, was ein anderes Unsichtbares erzeugt und verdeckt.

Die Spinnen auf der Rauhfaser. Acht Beine und ein Köpfchen. Einfach im Vorbeigehen mal draufschlagen. Die Freizeit befreit den Menschen von seiner gesellschaftlichen Funktion und so wird sie unter dem Deckmantel des Privaten zum Ort des sozialen Verbrechens. Der Wunsch nach Funktionslosigkeit findet nur Erfüllung im kurzzeitigen Austritt aus dem Wechselspiel von Verbrechen und Prävention. Sich selber aus der Verantwortung nehmen, die Teilnahme, die immer Beschäftigung erfordert, verweigern. Aber der unkenntliche Kadaver darf nicht liegen bleiben, alles wird hier weggeräumt. Die zusammengekrümmte Riesenspinne nur noch ein ungefähriches, winziges Stück, das man sich nicht traut anzufassen. Aber wohin damit? In den Restmüll oder den Kompost, in die Biotonne?

Irgendwann muss jeder Konflikt beendet werden. Wenn etwas nicht gelöst

werden kann, braucht es zumindest einen
neuen Status. Die ewigen Fragen hat die
übersättigte Langeweile schon lange
beantwortet. Es gibt keine Fragen mehr,
nur noch eine Haltung, die aber ohne
Frage und Suche nach Antwort, ohne
Sinn ist — ein einziger Schaden.

Indem etwas zu Abfall erklärt wird,
schließt sich der Kreis. Doch geschieht
die Verwechslung von Abfall und Lösung
öfter als sich vermuten läßt. Und was
man den anderen nicht und was die anderen einem nicht, das muss man sich
schließlich selbst antun. Das Prinzip der
gegenseitigen Schonung und der unsichtbaren Zerstörung fasst nicht Fuß. Statt-
dessen behauptet sich das Auslagern
von Schuld, bleiben die Abfälle, die Lösungen sein wollen, Lösungen, die als Abfälle
ins Vergessene geraten. All das liegt
im Verborgenen aufgestapelt herum, nicht
etwa nebeneinander aufgereiht. Hinter
einem Meer von Menschen und Dingen,
die sich vorspielen, nichts mehr miteinander zu tun haben zu wollen.

Er rief mich zu ungewöhnlich später
Stunde an, von einer Telefonzelle. Im

Hintergrund das Rauschen des Meeres, des Windes oder das der Autobahn. In einem Tonfall, der darauf schließen ließ, es handele sich um Leben und Tod, stellte er mir eine angemessen banale Frage, auf die ich aber keine Antwort wusste. Doch ich war mir sicher, irgendwo in diesem Rauschen würde er sie finden.

Kalt und Heiß...   2008

...wird mir bei dir,
wenn ich weiß,
dein Badezimmer ist blütenweiß
— extrabreit

1   In den windstillen Gebieten, abge-
schnitten von den Außenstellen der Realität. In Oasen, bevölkert von Anmut und
billiger Widerlichkeit, in einer Gegend,
in der scheinbar nichts zu tun ist, als sich
gegenseitig sein Genital zu zeigen. Eine
nicht reflektierbare Welt, an der der Blick
kleben bleibt, versickert wie eine Fliege
im schleimigen Zuckerguss. Über die
Hügel der Wüste, über die Hügel der
Wesen, die sie bevölkern. Frei von Kon-
ventionen lebt hier eine mordende Bande,
der man nicht verfallen darf, so sehr
sie auch locken und sich um Harmlosig-
keit bemühen mag. Sagenhaftes Per-
sonal, freundliche Biester, schreckliches
Verlangen.
     Hinter dem Schlüsselloch ein paar
nervöse Kinderaugen, Gucklöcher in den

Umkleidekabinen des Freizeitbades. Kurze
Blicke auf der Suche nach ein bisschen
anderer Nacktheit, die Schamschutz-
wände vollgeschmiert mit Pimmel, Titten,
Votzen. Infantile Verdinglichung des
Körpers und einer Ahnung von Sexuali-
tät. Störend, weil vereinfacht, unwahr,
unschön, ungut. Zeichen eines Geistes-
zustands, Bewusstlosigkeit führt den
dicken Filzer, der sich nicht um Proportionen schert. Eine menschliche Handlung:
Das bezeugen ihre Spuren an allen Ecken
und Enden der Welt. Die Sinnlichkeit des
Unheils und eine Technik, die ihr ent-
spricht. Das Schöne im Verteufelten, eine
zartrosa Gewitterwolke, aus der es
Menschensäfte regnet, erfrischend, bele-
bend und quälend. Völlig durchnässt von
uraltem Verlangen, es wert zu sein,
verführt zu werden. Die schönste Neben-
sache der Welt. Vielleicht auch nur eine
erbärmliche Hauptsache, die von wichti-
geren Nebensachen kleingemacht wird.

2   Die Beziehung zum eigenen Körper ist
oft weniger voraussetzungslose Liebe
als Resultat einer formalen Auseinander-

setzung. Wer man ist, was man daraus gemacht hat. Das Bild, was man sich mühsam zurecht gepinselt hat. Spiegel, Kamera, der Griff zum Maßband. Der ergreifende Gedanke, dass dieses Maßband, diese Bilder lügen könnten. Die Überwachung von Proportionen, der verdammte goldene Schnitt. Moderner Terrorismus in der Beziehung zwischen Mensch und Körper. Der nackte Arsch im Spiegel, eine missratene Furzkanone. In Wahrheit nichts, wofür man sich schämen müsste, auch ohne Schönmalerei.

Im Unterholz, in randloser Nacht, ein Wolkenturm aus gemalter Zuckerwatte, rund und flauschig, bröckelndes Salz. Der Urlaub vom Realen und der Pflicht zum Sinn für Realität. Es gibt zwei Sorten Reisende: solche, die das Ende des Urlaubs vor Augen haben, die Tage bis zur Rückkehr ins geregelte Leben zählen, solche, die es nicht wahrhaben wollen. Auch das ist in meinem Kopf, Filter gewechselt, fast freie Fahrt. Nicht unbedingt frischer Wind, aber immerhin Dämmerzustand.

3   In abschließbaren Badezimmern, in
sterilen Hygienekammern, in einem
Zimmer voller Reinheit. Wenn schon nicht
perfekt, so doch wenigstens gepflegt.
Hier ist nichts vulgär und nichts pervers,
Schwanz in die Hand und Finger in den
Po, offiziell badet man ja nur. Sachliche
Reinigung und Formgebung. Die notwen-
dige Kontaktaufnahme mit dem Fleisch,
das uns umhüllt, eine saubere, unerwähnte
Angelegenheit. Bloß nicht vergessen, den
Schlüssel umzudrehen, peinliche Störung
beim Verrat vermeiden. Sobald die Tür
geöffnet wird, verliert das Badezimmer
seine Funktion als geschützter Schleusen-
raum zwischen Kultur und Natur,
zwischen Perversion und Formgebung.

Auf kurzen Beinen kommen sie daher.
Patschnass begossene Karamellpudel,
etwas unförmig zerschmolzen, schreib
mir eine Karte aus dem Land, in dem
diese Wesen hausen. Goldammern,
die krächzen wie Raben. Eine sumpfige
Dürre flimmert angeblich um sie herum,
schreib mir, ob das so stimmt.

Es knistert ein kaltes Feuer im
Kamin, pralle Trophäen auf dem Sims.

Die öden Dielen, die Wände, abgelaufenes
Leben, staubiger Atem. Keinen Strich,
keine Erwähnung wert. Eine maximal
verlebte Welt braucht einen Ausgleich in
Gedanken. Alle Lieder totgehört, alles
Sichtbare verschwunden. Geschwollenes
Herumstolzieren zwischen Erscheinung
und Erfindung. Produktion von Geheim-
nissen, weil das Gehirn von zuviel Honig
und Zucker ein wenig vergiftet, wird sich
erholen in kühler Brise.

Der Gestank von Schweiß und gepu-
dertem Fleisch. Lass das Wasser laufen,
bis es kalt wird. Nimm soviel Seife, bis
du eine einzige, durchgescheuerte Wunde
bist, sei blütenweiß und blutig, genau
wie dein Geist.

Beschäftigung mit angeblichem
Geschehen in undefinierter Ferne, abseits
der allgemeinen Realität. Ein enorm aus-
gebildeter Vorstellungsbizeps, von wegen
grenzenloser Phantasie. Leben einhau-
chen, nach Regel, nach Plan. Es duftet ein
wenig nach Gefahr, trockenes Gewitter,
angekündigt und fast vorbeigezogen.

Die Mühlen malen langsam   2008

Zwischen den Autos hetze ich über die
Straße, lande keuchend im Laden. Dort
steht er und wartet auf mich, wartet den
ganzen Zwölf-Stunden-Tag, wartet
ein Leben hinter dem Tresen lang, auf
das Hundegeld in unseren Taschen, auf
das Scheißgeld von Hunden für Hunde.
   Die Straße und sein zu lauter Atem
trällern ein wütendes Liedchen. Nur ein
kleiner Groscheneinkauf, Bedarfsdeckung,
ein kleiner Ladendiebstahl, aber er merkt
es. Er streckt seine graue Hand nach dir
aus und du siehst den kleinen Finger nicht
mal mit dem Arsch an. Dabei unter dem
Tresen eine nicht ganz handwaffenfreie
Zone. Du weißt es doch, also pass auf.

Getragene Stimmen, die gelernt haben
nur Vernünftiges zu sagen, stehen um
dich herum, Champagner in den Gläsern,
gehalten von eingecremten Händen.
Schlafwandelnd durch den Saal, ver-
bringst du einen traumlosen Abend in
25 Jahre lang klimatisierter Luft.

Dein Atem geht dir voraus, ein Blumenstrauß aus ein- und ausgeatmeten Zigaretten. Plötzlich beißt dir eines dieser Hochsommerinsekten in den Kehlkopf, dir wird schwindelig, dann verschwindest du. Eine Ambulanzfahrt später wachst du im Krankenhaus auf, trägst ein weißes Leibchen, etwas tropft seelenruhig in deine Adern.

Du willst ein Telegramm aufgeben, aber die kindliche Krankenschwester weiß angeblich nicht, was das sein soll, lacht, als du es ihr erklären willst, ihr mit müden Lippen und schläfrigen Fingern Morsezeichen voräffst.

Beim Betrachten aus der Distanz überkommt mich ein jämmerliches Gefühl, ein schon vergessenes. Die Gedanken zappeln glitschig, wie Fische aus dem Netz. Du zermalmst deine Vergangenheit zwischen den Zähnen, schluckst sie herunter, daher das schlechte Gebiss und die Schleimlunge. Der Arzt sagt, es kommt vom Rauchen, kann aber nichts beweisen.

Wie Salzkrustentiere schieben wir uns durch die Straßen. Eine Affenbande

im Geäst verlacht uns, stiebitzt die Hüte
von unseren Köpfen. Es klappern die
Scheren, es kreischen die Mäuler. Die
Straße gesäumt von Plastikbuden. Stumpf
glotzen die Augen der Grillsardinen,
eiskaltes Bier aus dem Kühlschrank. Ein
brüllendes, zuckendes Aggregat.

Dein zu kurzer Atem japst nach zitro-
niger Dieselluft. Die Augen schmelzen
und tropfen zischend auf die glühenden
Kohlen. Saft- und kraftlos kommt das
Ganze daher.

Diese Saft- und Kraftlosigkeit hast du dir
selber ausgedacht, eingebrockt und aus-
gelöffelt. Du schreibst langweilige Briefe
an langweilige Leute. Beim Blick in
den Spiegel ist dir eines Tages ein Wurm
durch den madigen Sehapfel gekrochen,
um einen fetten Haufen Selbstzufrieden-
heit in dein Gehirn zu scheißen. Du hattest
geschworen die ganze Welt zu vergiften,
bevor sie dich zuerst vergiftet. Aber Radikalität ist ein Schläfer, den man verrät und
verliert, sobald man seinen Namen aus-
spricht. Die Bombe im Kopf wird nur nicht
entschärft, solange sie unerwähnt bleibt.

Süßlicher, schwüler Dämmerzustand und nichts, was dagegen hilft. Du hast deine Kodak-Royal-Erinnerungen schon vor Jahren an der Tankstelle gegen eine 5-Mark-Portion Dosenbier und den dazu gehörigen Filmriss eingetauscht. Ratten im Gemüt und Kakerlaken auf der Zunge. Du weißt nicht, wovon ich rede, deine Nachbarn sehr wohl. Und die haben es eilig. Das Ordnungsamt, das Jugendamt. Die Kinder weg, allein im Dreck.

Du stehst vor einem erbrechend schweren Bücherregal voll Ratgeberliteratur zur Verwaltung der abhanden gekommenen Gefühle. Wie man glücklich wird und stirbt. Aber es wird sich kein Erfolg einstellen, solange du den Kampf gegen die Zeit absagst. Also mach endlich: Sieh dich an und zieh dich um.

Patiniermasse   2010

Diese Typen wollen dich fertigmachen.
Sie wirken cool, kompensieren ihre Auf-
geregtheit ganz professionell durch nervö-
ses Klicken mit den Kugelschreibern.
In ihnen wächst der Wunsch endlich eine
pfeffrige Notiz zu Papier zu bringen,
die dieses Gespräch zur Zeitverschwen-
dung erklärt.

Tendenziell sind in deinem Freundes-
kreis alle eher anti Abschaffung, pro
Einrichtung, pro ruhiges Plätzchen finden, jedem Dippchen sein Deckelchen. In
deinem Dippchen schmort der Handkäs,
das ist eingelegter Harzer mit Zwiebel
und Kümmel; etwas, das einem aufstößt,
und etwas dagegen. Die Kuliminen siffen
blau und schwarz auf die Anzughosen,
ganz willig und nass vor lauter erregtem
Geklicke, rein-raus. Kein einziges Wort
bin ich ihnen wert, werde zum Nicht-
Erwähnenswerten degradiert.

Mit einem Stiletto rasierte sie die Locken
von meinem Rücken, als er die Wohnung

betrat. Mach dir eine Büchse auf und setz dich zu uns. Wir erzählen heute gratis von unseren guten Zeiten, danach verkaufen wir dir gerne etwas Gras, genug für zwei, drei Tage, damit wir sichergehen, dass du wiederkommst. Flieg heute Abend mit den Gänsen, lass dich morgen früh nicht abschießen. Komm wieder, noch besser, zieh gleich ein.

In den vergangenen vier Monaten war ich nur einmal in einem Raum, in dem ich mich annähernd wohlfühlte. Wieder zu Hause vermisse ich das Abgestoßensein von Immobilien. Ganz von vorne anfangen, wieder lernen sich wohlzufühlen, arbeiten zu gehen? Ich stoße meine Immobilität ab. Nie wieder wohnen, höchstens zum Pinkeln sich niederlassen.

Das soll das Ende der Welt sein, wie wir sie kannten? Da kann man ruhig unterdrückten Gefühlen freien Lauf lassen. Die Diktatur entsteht aus dem Gedanken, dass Menschen unter Druck zu Höchstform auflaufen. Dieser ausgepressten Energie dann eine unbedingte Richtung geben.

Neueröffnung am Samstag, Betreiber und Gäste des Cafés bieten seifiges Ambiente. Intrigieren, integrieren wahllos, kommunizieren gekonnt an den Themen des Tages vorbei. Annäherungsversuche und Verwürfnisse sind allen gut sichtbar und strahlen in edler Einfalt von glattrasierten Gesichtern. Quotendubiose tauchen auf und ab, ihnen wird signalisiert, dass sie hier nicht hingehören ins Reich der abwischbaren Menschen. Seine Gedanken wie Antikörper, beschäftigt mit ständiger Abwehr von Belehrungen, neuen Impulsen und Schlagwörtern. Er weiß es besser und denkt auch viel schöner als der Müll da unten auf der Straße.

Schmeckt lecker dieses Zeitalter, in dem man das Verstehen einem Gefühl überlässt, den Kopf auf Produktion schalten kann. Kleines bisschen mitmachen bei der Diffusion von Kultur, man wünscht sich insgeheim in eine Untergrundarmee, die aber zu Hause bleiben darf, sich selbst vernebeln. Er kauft nicht mehr ein, geht klauen, frisst irgendeinen Schrott. Keine Zeit mitzumachen bei eurer Superzivilisiertheit, zu beschäftigt euch dabei zuzusehen. Trotzdem bestellt er jetzt im lindgrün-orange gestrichenen »Schillers« einen Milchkaffee zum Mitnehmen und bezahlt ihn ordentlich. Mal sehen, wie das schmeckt.

Ein flotter Spruch, ein Augenzwinkern, so kann man sich retten. Ein Darminfekt, ein Pilz mit Soße. Michelangelo hat eventuell mit Joghurt verrührte Scheiße als Patiniermasse für seine Putten verwendet.

Als Kind hat man manchmal Angst, die Haare könnten sich von selbst entflammen.

Muss man sich mal ernsthaft fragen, ob man nicht Teil einer regressiven Bewegung ist, die sich von anderen eine Intensität wünscht, die sie selber nicht aufbringen, sondern nur erfahren und verstehen, in den Bildungskörper einmassieren will. Am liebsten sind uns die Andeutungsfibeln. Genauigkeit lassen wir nur in Backbüchern zu.

Elefant   2010

1   In der göttlichen Kneipe stapft leise
der Küchendunstling übers Dielenholz.
Ich werde hineingeschwemmt. Heraus
aus der Mittagshitze, heraus aus dem
öligen Schwarm, den man mit den anderen auf der Straße bildet. In der vorigen
Bar hatte ich mir einen Fensterplatz
gegönnt, um dem schwitzenden Treiben
in klimatisierter Luft beiwohnen zu
können. Jetzt aber zieht es mich nach
hinten, zu einem Tisch gerade groß genug
für zwei. Dorthin, wo der Dunstling seine
Kreise zieht.

Emsiges Treiben. Die Kellner servie-
ren, schwitzen auf leinene Tücher, die
Fritteuse in der Küche poltert, spritzt und
sprotzt. Die Köche kommen nicht hinter-
her mit der Produktion der unaussprechli-
chen Spezialität des gleichnamigen Spe-
zialitätenlokals, bei der es sich um etwas
Knuspriges mit fleischig-softer Füllung
zu handeln scheint. Mir läuft die Farbe im
Mund zusammen, aber ich bestelle nichts,
mache es wie der Dunstling, esse nur das,

was durch die Ritzen zieht. Atme und verdaue schmierige Luft, unfern der Küchentür.

Im Rübenacker hinter den Häusern hätten sie einen gefunden, hieß es. Einen Kunstmaler aus der Nachbargemeinde. Schon seit März letzten Jahres hätte er dort gelegen, bei Sonnenschein und Regen, im Frühling wie im Winter. Farbflecken auf der Hose, Gänseblümchen in der Nase, einst Gottesfrucht jetzt Wurzelgemüse. Man erzählte sich, seine Lebenslinie wäre von einer zittrigen Tätowiernadel künstlich verlängert worden, aber völlig falsch, am falschen Ende, so dass der gen Unsterblichkeit Strebende, anstatt länger zu leben, früher sterben musste, hinter den Häusern, zwischen den Rüben, vor seiner Zeit.

Sie hatten ihn heimlich weggetragen und verbrannt, die bunte Futterrübe, die lächerliche. Sie hatten ihn ins Feuer geschmissen und rissen ein Blatt vom Kalender ab, vergaßen den Ölprinzen aus der anderen Stadt, wo seine Bilder von den Wänden in die Nacht und die Strahlen dann zu Staub zerfielen.

Ich wachte auf und dachte an gestern.

Erst im Museum, dann im Restaurant. Aus Versehen hatte ich eines der mir servierten Worte vergessen zu erwähnen und es eierte nun einsam zwischen uns herum. Den zärtlich tötenden Griff abwartend, verzog es sich an die Ränder, ins hintere Viertel, in den Kies der Träume. Ich wünschte mir sehnlichst die Zerstampfung meines Gehirns in friedlich blubberndes Mus, sehnte mich nach dünnen Linien, mit unsichtbaren Linealen gezogen.

Ich schwöre, es war so: Ich habe nichts angefasst und trotzdem etwas gespürt. Die Leere, die Wucht und alles dazwischen, die Poesie, die zarte Masse, die totale Belanglosigkeit der Belanglosigkeit. Vor dir lag ein dick beschmiertes Butterbrot, eine Antipastistulle mit bestem Prosciutto. Dieser feine Schinken ist doch nur das abgehangene Bein einer toten, italienischen Drecksau, raunzte ich, zwischen Hochgefühl und Sodbrennen. Schmeckt mir lecker, schmeckt mir nicht. Ich drängte zum Weitergehen, du haktest dich ein.

Wir bewegten uns entlang einer
kreisenden Kette von Zufällen. Worüber
soll man da groß reden. Ich erwähnte
mein Leben als Elefant, meinen Rücken,
der groß genug war eine ganze Herde
10-jähriger zu tragen, 10-jährige Kinder
mit Kaninchen im Arm. Du kramtest in
deinem Gedächtnis nach etwas, auf
das sich diese Erwähnung bezog, sahst
mich mit verständnisloser Miene an und
ich sagte: Hör zu, soviel ich weiß, bist
du ein Mensch und du darfst auf meinen
Rücken. Ich habe zu tragen, warum nicht
auch dich?

Eines Abends also mit der Bahn nach
Giessen. So kurz vor Fulda oder Geln-
hausen oder so hatten sich Kühe im Kreis
versammelt und starrten mit anzuneh-
mend treuen Augen auf das Feuer in
der Mitte. Mein Kundenbetreuer servierte
mir einen Kaffee und niemand sonst im
Wagen trank einen oder hatte gesehen,
was ich sah. Ich behielt es im Herzen und
erzählte es allen. Das meiste aber bleibt
auf der Zunge hängen. Um es ordentlich
weiterzutragen, mangelt es an Erzähl-

technik, also erst mal die eine Geschichte, also: immer das Gleiche erzählen.

Mein Leben als Rennfahrer. Das Auto so lahm. Die Strecke so langweilig. Meine Erinnerung nomadisiert und wird ortlos. Es ist fast schon so, als hätte alles überall stattfinden können. Ich und du und Müllers Kuh schwimmen schon zu lange in ein und demselben Eintopf. Man emulgiert mit der örtlichen Blut- und Bodensuppe, kennt den Schlachter beim Namen und duzt den Bürgermeister. Man ist der Schatten seiner selbst, sozusagen eins mit sich.

2   Mein Leben als Elefant. Ich stapfte durch Wüsten, durch selige Tage, durchschritt Tunnel des Unbehagens. Ich stapfte voll und schwer von Gutmütigkeit und schüchterner Kraft. Unansprechbar und unübersehbar.

Ich will ein Torpedo sein. Eure Wanne ist für mich zu klein, das Meer zu salzig und der Fluss zu unberechenbar. Muss ins All. Zu den Planeten, in die Unendlichkeit. Muss dort hinaufgeschossen oder aber erschossen werden, werde mein

Leben zurückgeben in die Hände anderer.
In die der Wissenschaft und die des
Publikums.

Mit meinem Körper im Reinen stülpte
ich mein Innerstes nach außen. Es sollte
sich auflösen in der Welt. Als ob meine
Hauskatzenseele so etwas je tun würde.
Hin und wieder nur streunt sie herum.
Das Problem, Materie zu sein, ist gnaden-
los grundlegend und lässt sich nicht in
hochprozentiger Spiritualität auflösen.
Mit beiden Füßen auf dem Boden ist und
bleibt man ein Mensch und läuft Gefahr
von der Zeit verschluckt zu werden.

Statt das Wespennest vor meinem
Fenster schnellstmöglich mit der Base-
ballkeule in Nachbars Garten zu verfrach-
ten, ließ ich es hängen. Eines Nachts im
Bett stellte ich mir vor, wie es wuchs
und riesig wurde, die stechwütigen Terro-
risten auf mein Kommando ausschwärm-
ten, um alles, was sich mir in den Weg
stellte, auf Befehl zu vernichten. Zwei
Tage später eine Anzeige vom Nachbarn,
weil das Nest zu gut sichtbar und die
Viecher langsam zu ihm rüber kamen.

Ein 6-wöchiger Kurs, ein Seminar gegen den Hass auf die Materialität. Geholfen hat mir nicht das stundenlange Gerede über die Bewegung im Raum des Möglichen, in dem das tatsächlich Vorhandene nur eine untergeordnete Rolle spielte. Mich materiell versöhnen konnte ich aufgrund des in der dritten Sitzung angesprochenen Gedankens, dass mir etwas weniger Anstrengendes helfen könnte. Ein bis zwei Museumsbesuche pro Monat, vielleicht ein paar Künstlermonografien seien für den Anfang genug. Ich tat so und es half.

Ich betrachtete materialisierte Möglichkeit und schluckte existentielle Erfahrung. Ich richtete mich neu ein. Karg. Nur das Nötigste. Ich weißte die Wände, kaufte den Nachlass eines kürzlich verstorbenen Malers aus der Nachbargemeinde, ausschließlich Bilder von Elefanten.

3   Von innen gut gefettet schlierte ich auf meinem Stuhl herum, bekam langsam Durst. Drei Halbe gegen die Langeweile, drei Halbe gegen die Wut. Auch der

Küchendunstling hielt sich inzwischen am Glas fest. Er pinselte mir den Bart und überredete mich, mit dem inzwischen nachtgrauen Schwarm ein wenig weiterzuziehen. Man konnte keinen gemeinsamen Herzschlag vernehmen, trotzdem schlugen die Geräte irgendwie aus. Ein klares Schwirren in katzgrauer Nacht. Wir schwammen in die Haifischbar. Weil es dort immer nach Ärger roch, saßen wir am Rand; die Mitte der Welt, das ist was ganz anderes. Etwas, das es nicht gibt, sagte der Dunstling.

In dieser Nacht spuckte ich stinkendes Öl.

Härter spielen   2007

Es sind Jahre dahin, getrottet mit schiefen Schultern. Wir sahen aneinander vorbei. Ich sollte die Augen vor dir verschließen, damit du mir unsichtbar, ein einziges Gefühl wirst. Stille am anderen Ende der Leitung.

Die Vögel zwitschern ein lustloses Lied von der Unvorstellbarkeit der technischen Abläufe deiner Gedanken.

An der Eisenbahnhaltestelle am Oswaldsgarten in Giessen an der Lahn verlaufene Menschen, Monatskarten im Brustbeutel, mit einer Adresse, bei der man sie abgeben kann. Dein Telefon klingelt, spielt ein Lied für den Bahnsteig. Es meldet sich eine junge Dame von der Telefongesellschaft, dir wird ein Angebot gemacht. Ihre von Seriosität geschwängerte Stimme befördert sie vom Callcenter in ein Büro mit Vordame. Beide tragen graue Kostüme, geben sich streng, finden sich sexy.

Gezeichnet vom Tag vermisst sie jeden Abend das Rauchen in den Raucherabteilen. Es ist auch nicht anständig im Zug eine zuvor am Kiosk gekaufte Bierdose zu öffnen. Und du tust es trotzdem und vermisst die Normalität. Der Stoffwechsel leidet unter äußerem Druck, die Kilos purzeln. Eine Erfindung der Natur, damit man wenigstens gut aussieht in seinem Elend.

Nervös, die Zigaretten in der Schachtel warten darauf geraucht zu werden. Viertelstündige Verspätung, eiskalte Sommerabteile, unerträglich rauchlose Luft.

Die Studentenschaft führt Internetrecherchen durch. Dafür muss man nicht in die Bibliothek, trotzdem sind alle da. Um sich als Teil eines emsigen Haufens zu fühlen. Die Bücher werden aus den Regalen gezogen, um Erscheinungsdaten und Verlagsorte abzuschreiben. Eine anerzogene Antiquiertheit ruht zwischen den Schädelwänden, erdrückt vom riesigen Schamzentrum eines senilen Denkapparats, der sich seit jeher wünscht ein Wölklein zu sein, zu Hause in einem luftigen Körper. Eine tanzende Elefanten-

sau, ein Schweinebulle in dreckigem Tüll.
Sing mir ein Lied über die Güte der Tiere,
die es nicht einmal wert sind, von dir
gefressen zu werden.

Äpfel vom Markt, die ihr ein Bauers-
junge aufgeschwatzt hatte. Wochenlang
hat sie an dem Eimer herumgeknabbert.
Später sollte sie mit dem Auto heraus-
fahren, um ihn auf seinem Hof zu besu-
chen. Eine halbe Weltreise. Eigenanbau,
Familientradition. Eine Familie, die vielleicht auch sie aufnehmen könnte. Eine
Apfelmus kochende Oma, ein Schnaps
brennender Vater. Sie zählt Jahresringe.
Trinkt seine Schlücke, raucht seine Züge.
Stechende Schmerzen zwischen den
Augen von polnischen Zigaretten unter
amerikanischer Lizenz.

Die Panzer zum Manöver durch die
Dörfer, stehen bleiben. Die Kinder barfuß
mit Schubkarre, Spuren von Straße im
Bett, der abgelaufene Tag. Dreckigen
Schrittes ab in die Nacht. Ehemalige
Kriegsschauplätze als Kriegsspielplätze.
Wehrmachtshelme, Holzgewehre und
Plastikrevolver. Muss man härter spielen,
durch den Morast robben, unbedingt sich

nur beim Nachnamen nennen, kalte Dosenravioli fressen. Wie die Soldaten, Rufname entzogen; weggetreten.

Väter beobachten ihre Söhne, wie zitternde Knabenkörper im winterlichen Flutlicht Anweisungen des Trainers befolgen. Finden Geschmack an der Härte des Umgangs, am Anblick der Züchtigung des eigenen Fleischs, des eigenen Milchbluts. Eines Tages werden sie auswandern, mit Hilfe des Privatfernsehens ein neues Leben beginnen. In irgendeiner provinziellen Beschränktheit am anderen Ende der Welt. Die Alternative zur professionellen Mobilität ist die Flucht an einen Ort, an dem die Zeit noch stillsteht.

Wir packten also alle unsere Siebensachen, um es irgendwo anders zu versuchen in Kanadien oder Australiana. Für die Kinder ein schwerer Anfang. Die Eltern zwischen ausgedachtem Übermut und erschöpftem Untermut. Sie schreiben gottgelobte Emails. Sie machen digitale Fotos.

Legen stolzen Mangel an Assimilationsresistenz an den Tag.

Die Publikation I'm not on fire
erscheint anlässlich der Ausstellung
The difference between you
and me is that I'm not on fire
in der galerieKleindienst, Leipzig
vom 21.10. bis 20.11.2010.

© 2010 Carsten Tabel und Lubok Verlag

Lektorat   Henriette Weber
Gestaltung   Sam de Groot
Druck   Bariet, Ruinen, NL
Foliendruck   Romeyn, Uithoorn, NL
Bindung   De Haan, Zwolle, NL
Auflage   750
ISBN   978-3-941601-42-0

Lubok Verlag
Paul-Gruner-Straße 64
04107 Leipzig
T/F +49 341 9 999 890

www.lubok.de
www.galeriekleindienst.de